W9-COE-592

Los planetas del sol

ANDERSON ELEMENTARY LIBRARY SCHOOL

de Allan Fowler

Versión en español de Aída E. Marcuse

Asesores:

Dr. Robert L. Hillerich, Universidad Estatal
de Bowling Green, Bowling Green, Ohio

Mary Nalbandian, Directora de Ciencias,
Escuelas Públicas de Chicago, Chicago, Illinois

Fay Robinson, Especialista en Desarrollo Infantil

CHILDRENS PRESS®
CHICAGO

Diseñado por Beth Herman Design Associates

Catalogado en la Biblioteca del Congreso bajo:

Fowler, Allan
    Los planetas del sol / de Allan Fowler.
      p. cm. −(Mis primeros libros de ciencia)
     Resumen: Informa brevemente sobre cada uno de los nueve planetas
que forman el sistema solar.
    ISBN 0-516-36004-3
     1. Planetas–Literatura juvenil. [1. Planetas. 2. Sistema solar.]
  I. Título. II. Series: Fowler, Allan. Mis primeros libros de ciencia.
QB602.F68 1992
523.4–dc20   92-7405
                                         CIP
                                         AC

©Registrado por Childrens Press®, Inc., 1993
Todos los derechos reservados. Publicado simultáneamente en el Canadá.
Impreso en los Estados Unidos de América.
1 2 3 4 5 6 7 8 9 10 R 00 99 98 97 96 95 94 93

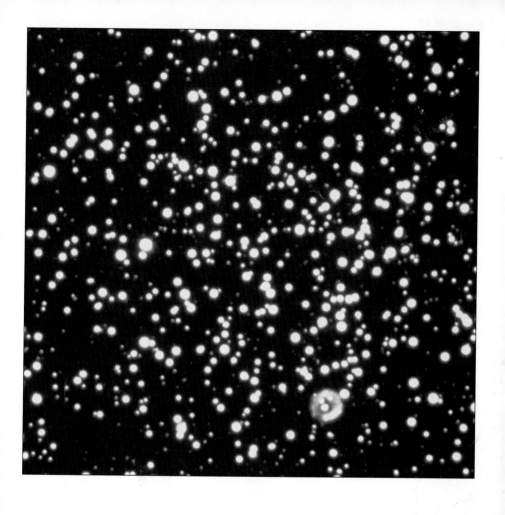

Cuando la noche es clara, a veces ves muchas estrellas.

Las estrellas están muy,
muy lejos, y lucen como
puntos de luz.

El sol también es una
estrella. Parece ser
mucho más grande que
las demás, porque está
más cerca nuestro.

5

Pero no todos los puntos de luz que se ven en el cielo son estrellas.

Algunos son planetas.

Las estrellas están siempre en la misma parte del cielo.

Los planetas, en cambio, siempre
están moviéndose – girando
alrededor del sol.

THE SOLAR SYSTEM

AS SEEN LOOKING TOWARD EARTH FROM THE MOON

El sol y su familia de nueve planetas son llamados el sistema solar.

Mercurio es el planeta que está
más cerca del sol.
No podrías vivir allí,

ni tampoco en Venus, el
segundo planeta, porque
ambos son demasiado calientes.

El tercer planeta a partir
del sol no es ni demasiado
frío ni demasiado caliente.

En él abundan el aire y el
agua. Por eso, tú podrías
vivir allí...

13

14

LIBRARY
ANDERSON ELEMENTARY SCHOOL

y, en realidad, lo haces.
El tercer planeta es
nuestra Tierra.

De todos los planetas del
sistema solar, sólo la Tierra
luce verde de plantas y
animada de vida por los
animales y la gente.

Marte es el cuarto planeta a partir del sol, y allí el aire es frío.

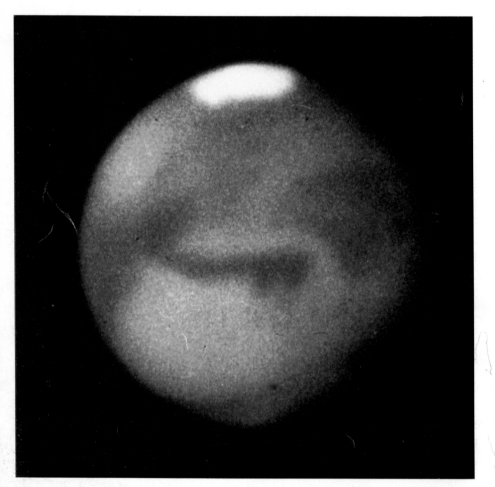

Pero podrías vivir en él –
si usaras un traje espacial.
Marte está cubierto de
polvo rojo.

Sondas espaciales – naves espaciales que no llevan gente – aterrizaron en Marte y tomaron fotografías.

Algún día, gente de la tierra viajará a Marte y explorará ese planeta.

Los planetas más allá de Marte son demasiado fríos como para vivir en ellos.

El planeta más grande de todos es
Júpiter. Dentro de él cabrían más de
mil planetas del tamaño de la Tierra

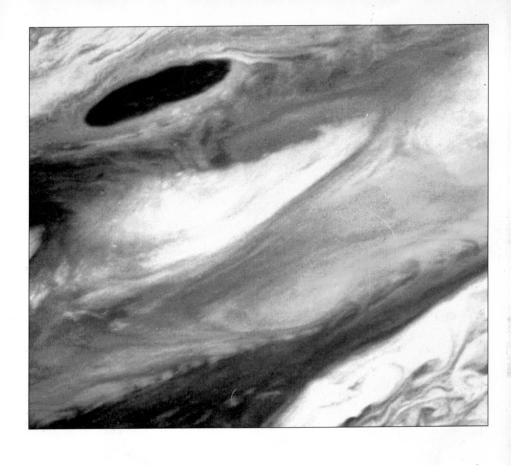

Júpiter está cubierto por nubes de colores. ¿Cuántos colores distingues tú?

El planeta siguiente es Saturno.
Está rodeado por numerosos aros
muy bonitos.

Esos aros están hechos de hielo y rocas.

Urano y Neptuno han sido llamados planetas gemelos, porque son casi del mismo tamaño.

De Urano se desprende un resplandor verdoso. Neptuno es de un color azul brillante.

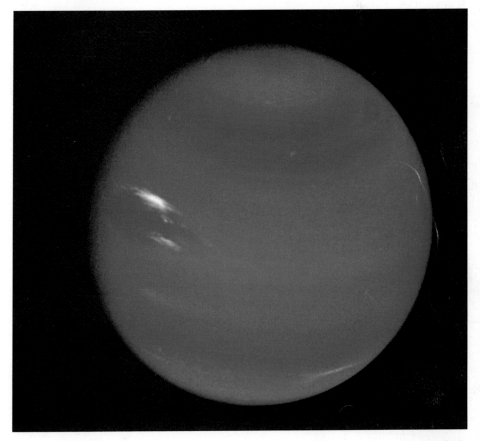

Plutón, el planeta más pequeño, es el más frío de todos. Algunos científicos creen que puede estar hecho de puro hielo.

Además del sol, ¿hay otras estrellas que tengan planetas?

Hay quienes piensan que sí.
Pero todavía nadie ha
encontrado un solo planeta
cerca de otra estrella.

Los científicos siguen
buscando otros planetas.
Pero todavía hay mucho
que aprender sobre los
nueve planetas que forman
la familia de nuestra
propia estrella.

29

Palabras que conoces

sistema solar

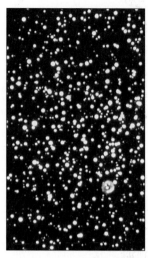
estrellas

traje espacial

sonda espacial

el Sol

planetas

Mercurio   Venus   la Tierra

Marte   Júpiter   Saturno

Urano   Neptuno   Plutón

31

Índice

agua, 12
aire 12, 16
anillos, 22, 23
animales, 15
cielo, 7
científicos, 27, 28
el Sol, 4, 8, 9, 10, 12, 16, 27, 28
estrellas, 3, 4, 7, 27, 28
gente, 15, 18, 19
hielo, 23, 17
Júpiter, 20, 21
la Tierra, 12, 15, 19, 20
Marte, 16, 17, 18, 19
Mercurio, 10

Neptuno, 24, 25
nubes, 21
planetas, 7, 8, 9-28
plantas, 15
Plutón, 27
polvo, 17
rocas, 23
Saturno, 22, 23
sistema solar, 9, 15
sonda espacial, 18
traje espacial, 17
Urano, 24, 25
Venus, 10, 11

Acerca del autor:

Allan Fowler es un escritor independiente, graduado en publicidad. Nació en New York, vive en Chicago y le encanta viajar.

Fotografías:

NASA – Tapa, 3, 6, 17, 26, 29, 30 (arriba izquierda, arriba derecha, abajo izquierda)

NASA-Laboratorio de Propulsión a Chorro – 10, 11, 13, 18, 20, 21, 22, 23, 24, 25, 31 (todas las fotografías)

PhotoEdit – ©Myrleen Ferguson, 14

Photri – 5, 30 (abajo derecha)

TAPA: Ilustración del sistema solar.

ANDERSON ELEMENTARY SCHOOL

105120193   E SP FOW
Los planetas del sol